SONG
OF
ORIGINS

✳ ideapress

SONG
OF
ORIGINS

Poetry Copyright © 2023 by: Gabriella Cinti
Translations by: Brenda Porster
Preface translated by: Tiziano Thomas Dossena
Copy Editor: Tiziano Thomas Dossena
Cover Design and Interior Layout: Dominic A. Campanile
Cover Image: "Origine" by Christian Cremona

ISBN: 978-1-948651-48-6
Library of Congress Control Number: 2023912632
Published by: Idea Press (an imprint of Idea Graphics, LLC) — Florida, USA
www.ideapress-usa.com • www.lideamagazine.com
Administrative Office, Florida, USA • email: ideapress33@gmail.com
Editorial Office, New York, USA • editoreusa@gmail.com

Printed in the USA - 1st Edition, July 2023

GABRIELLA CINTI

SONG OF ORIGINS

TRANSLATED BY BRENDA PORSTER

ideapress

To Stella Roncarelli

For imagining our first feelings together
and lighting them into our dawn.

Because that dream is still alive and delicate,
the true lymph beyond every bark.

With love

Babi

I

Preface

BY: GIOVANNA ALBI

This book stands as an exploration of the beginning of life that takes the shape of poetry in a dialogue with the primordial forms of the living, with which the poet is intertwined in a chain of love as she weaves her emotional and intellectual discourse. Here we also feel the underlying vibrations of an inexhaustible search for the Primary Sense of being, an investigation of the birth of consciousness that bears the sign of the divine spark within.

Reading these poems, we seem to listen to a voice like our own, a voice that rises beyond the wall of indifference, sounding out sharp and clear to pronounce fully meaningful words that move towards "the beyond the beyond" and the "elsewhere."

In this century of emotional desert and creeping nihilism, the soul can grow lazy at listening, but the collection *"Song of Origins"* by Gabriella Cinti "conquers silence by a thousand centuries" and becomes a living stone in the cultural panorama. In it, all realities merge in a superior universal vision, while an upward movement connects time and eternity, matter and form, finite and infinite.

These primordial "creatures," as the poet calls them, speak the same language as complex forms: "Who knows if you wept, little Dryopithicus maid" addresses a "you" made of the same emotional world as a contemporary being, a "you" exposed like us to the transience of life and the condition of a butterfly.

The common thread of this compact collection is cosmic love, but in terms not in the least comparable to a fashionable mysticism, in that the verses are anchored in a solid structure in which philosophy, anthropology, classical and scientific culture meet.

III

The debt to ancient Greece in manifest in the classical approach, which is combined with a cunning knowledge of other disciplines. The fusion of all realities, small and large, leads to the contemplation of the "One and Continuous" of Parmenides and Plato, going beyond the paradox of Being / Becoming in which the philosophies of West and East are rooted.

Like the priestess Diotìma of Mantinea of the Platonic Symposium, Gabriella Cinti, "Mystis" in art, initiates us, in an I/you duality, to the Small and Great Mysteries of Eros, the driving force of the individual and of the whole Universe. This is a wholly Greek eros, vital and necessary for   the prodigy to be accomplished and the original forms revealed: "To transcend backwards, / in a cosmogenic Dive / into the Paleozoic heart of the abyss, / to shatter the origins / in the supreme prodigy of form."

The undulating flow of forms leads to the contemplation of Mystery, and of the Montalian "passage," at the same time as it widens "the mesh in the net that tightens:" "This prodigy also belongs to humans, / the two of encounter / scintillates energy at frequencies / high-pitched and mysterious, / the gravitation of love…"

We are suspended in expectation of the Prodigy that will certainly happen if the mind is taut while aspiring to the infinite in the star-studded evening. Indeed, Cinti's mind is firm and tense, never retreating in the face of the possible absence of a loving "you," but reaching beyond to fix its gaze on the ineffable unfathomability of Being and the Universe.

For Gabriella Cinti following this path is a necessity, and telling of the world thus disclosed to her, like the opening up of a magic door in profound meditation, an impelling need.

IV

Gabriella Cinti

Gabriella Cinti, in art *Mystis,* was born in Jesi, near Ancona, Italy. She studied Modern Literature at the University of Genoa and completed her PhD at *Università di Roma 2 Tor Vergata.* Poetry is presently her subject of study, as well as anthropology, archaeology of European languages, etymology with a specific emphasis on ancient Greek poetry, which she also interprets in the framework of various art and theater events.

Her poems are featured in many anthologies.

Reviewed in various literary newspapers and magazines and literary and cultural blogs.

Guest of various festivals and international literary reviews and protagonist of various interviews and cultural broadcasts.

Franco Manzoni wrote an essay on her poetry: *Femminea estasi. Sulla poetica di Gabriella Cinti,* Algra Editore, Catania, 2018.

She has published critical works in various specialized reviews, such as *Mosaico,* Rio de Janeiro's Brazilian Universities, 2014, *Le Parole e le Cose,* 2021, *La Presenza di Erato.*

Her work has been translated into English, Romanian, Polish and Modern Greek.

In January 2023, the plaquette *În gura timpului* (In the mouth of time), extracted from *Prima,* (Puntoacapo Editions, 2022), was released in Romania for Cosmopoli Editions, Bacau.

Critical Essays
- *Il canto di Saffo-Musicalità e pensiero mitico nei lirici greci,* with an introduction by Angelo Tonelli; Moretti e Vitali, Bergamo, 2010.
- *EMILIO VILLA: and the art of primordial man: aesthetics of origin,* I Quaderni del Bardo, Lecce, 2019.
- *At the origin of becoming: the labyrinth of Labyrinths by Emilio Villa,* Mimesis, Milano, 2021. Reviewed on www.treccani.it in 2021.

Poetry collections

- *Suite per la parola,* Péquod, Ancona, 2008.
- *Euridice è Orfeo,* Achille e la Tartaruga, Torino, 2016.
- *Madre del Respiro,* Moretti e Vitali, Bergamo, 2017, with an introduction by Alberto Folin.
- *La lingua del sorriso. Poema da viaggio,* with a critical essay by Francesco Solitario Prometheus Editions, Milan, 2020. Reviewed on the "Third Page" of *Corriere della Sera,* the most important Italian newspaper, 2020.
- *Prima,* Puntoacapo Editions, Pasturana (Al), 2022.

Awards

— ESSAY —

Il canto di Saffo-Musicalità e pensiero mitico nei lirici greci.

- Special Prize, *Città di Cattolica,* 2012.
- Second Prize for a critical work, *Cinque Terre-Golfo dei Poeti,* 2013.

— POETRY —

Suite per la parola.

- First Prize, *Premio Nabokov* Poetry Contest, 2008.

Euridice è Orfeo.

- Press Poetry Prize, *Città di Acqui Terme* Poetry Contest, 2012.
- First Prize, *Rodolfo Valentino Sogni ad occhi aperti* Poetry Contest, 2013.
- Finalist, *Città di Como* International Contest, 2017.
- Finalist, *Guido Gozzano* Poetry Contest, 2017.
- First Prize, *Albero Andronico* International Contest, 2018.
- First Prize, *Il Golfo* International Poetry Contest, 2019.
- First Prize, *Publio Virgilio Marone* Poetry Contest, 2022.

Madre del respiro.

- Special Critical Reporting, *Lorenzo Montano* International Poetry Prize, 2017.
- First Prize, *Albero Andronico* International Contest, 2020.
- Third Prize, *Città dei Galateo – Antonio De Ferraris* Poetry Contest, 2021.
- Special Jury Prize, *Principe Boncompagni Ludovisi* International Poetry Contest, 2021. Award ceremony held in Campidoglio.

La lingua del sorriso. Poema da viaggio.

- First Prize, *Il Sublime* International Poetry Award, 2018.
- First Prize, *Ascoltando i silenzi del mare* International Contest, 2018.
- First Prize, *Città di Sarzana* International Literary Contest, 2020.
- Second Prize, *AssoSideresi Awards* International Contest, 2022.
- First Prize, *Cecco d'Ascoli* National Literary Contest, 2022.

Prima.

- Judge's Special Mention, *Casentino* International Literary Prize, 2022.
- Third Prize, *Giovane Holden* Literary Contest, 2022.
- First Prize, *Città di Mesagne* National Poetry Awards, 2022.
- Judge's Special Award, *Città di Sarzana* International Literary Contest, 2022.
- Judge's Special Award *Lucrezio, Premio Nabokov* Literary Contest, 2022.
- Special Critical Reporting, *Lorenzo Montano* International Poetry Contest, 2022.
- First Prize, *L'Arte in Versi* International Poetry Contest, 2023.
- 2023 *Franco Enriquez* National Prize - City of Sirolo XIX edition, Ancient and Modern Italian Literature Category — Poetry Section.
- First Prize, *Città del Galateo* - X Edition, 2023.

— POEM —

Lana di parole.

- Second Prize, *Città di Santa Anastasia* Poetry Contest, 2022.

Brenda Porster

Born and educated in the United States, the poet and literary translator **Brenda Porster** lives and works in Florence. Her poems, written both in English and Italian, have been translated into German, French and Portoguese and are published in in literary magazines and websites in Italy and abroad, as well as in numerous collective anthologies (the latest of which is *Confine donna: poesie e storie di emigrazione*, 2022). Since 2009 she has performed in multimedial productions in Italy and abroad with the theater Ensemble *La Compagnia delle Poete*.

She has translated numerous contemporary Italian poets into English, publishing in important English-language journals such as *Gradiva, The Italian Poetry Review* and *Poetry Birmingham*. For many years she translated for the literary site *El Ghibli: letteratura della migrazione*, and she is currently translator for *Voyages, Journal of New York University in Florence*; for the Florentine Poetry Festival, *Voci lontane, voci sorelle*; and for *Antonym*, international magazine of literary translation. By Mia Lecomte she co-translated the poetry collection *For the Maintenance of Landscape* (Toronto, 2012) and the short story collection *Chronicles of an Impossibility* (soon to be published). Her recent translations include a new book of poems by Mia Lecomte, *Home is What is Left* (Antonym press, 2023); poems by Federico Italiano; and short novels and interviews with visual artists by Marco Mazzi. She collaborates regularly with *Castoro*, Italian publisher of children's books.

Translating from English into Italian, in collaboration with Giorgia Sensi she introduced the English poet Vicki Feaver in the magazine *Poesia* (2006). She has co-edited and translated three anthologies of contemporary women's poetry: *Corporea* (2009); *La tesa fune rossa dell'amore* (2015), and *Matrilineare* (2018).

INDEX

Who Knows If You Wept

Who knows if you wept,
little Dryopithicus$_1$ maid,
the first to spell the air with hands,
to conquer heaven with your eyes,

appearing as first prodigy
in the clearing of your woods,

Miocene nymph,
who knows if you wept?

The viridity of your tears,
the pain learned in the salt on your lips,
fell to earth,
you received within you also
the weeping of sisters who came before.

Thirty million years to learn
the taste of suffering; later,
changed into resinous glaze,

the sorrowing Myrrh will bead
the tears of love with ivory wax,
perhaps this was spared you,
Primate Child, whelp of our form.

Beneath the trees your heart beat,
your chattering teeth gave breath its rhythm
in preword sounds.

And I cannot know if you wept,
if you understood the music of the savannah,
the voice of conifers,
the intelligence of silence.

I know only what you do
of the mystery of branches,
of forests too often hostile.

How many millions of years
has the history of my tears?

And perhaps you were first to see
falling in the thick wood,
pearls that were yours, not the rain's,
and you distinguished the dew from sorrow,
maybe just a fainter squeal
to name them.

Who knows if you wept, amidst curtains of oak,
You who migrated in status,
You minute among giants,
You who by fine degrees
were approaching the human?

I hear the dull rumble of vast eras
inexplorable for you,
the voice of your unknown weeping,

the transition of worlds underway
beyond the bottomless ocean
pressing on your slight shoulders.

In my world, I gather your unknowing
fossil tears,
the sighs you never breathed,
the love you could not
even imagine.

But who knows if you wept?

The Love that Moves the Sun and the Other Stars

The government of *two*
among dancing *quarks* little used
to celebrating the primal motion,
through waves, of matter.

I imagine a pulsating breath,
the courage of the origins vibrating by leaps,
euphoria of cells in the primary collision:

there is always a kiss when life begins.

Of mine, only one, a fossil
in a shell of memory,

stellar fragments in flight
beyond your lips.

Out of frenzy for life, I embed myself
in pluriverses, where fervour of carbon
heralds expanding forms:
swarming and chaotic
like ardent love
in time One of fire.

Only residues of combustion reach me:

exhausted light thinks September,
the long journey is distilled,
just one strip, by miracle,
of the stars come down on my face

and I hear the memory of the universe
bathed with the dew of astral rain.

Having loved you is inscribed
as a necessity, a sidereal cluster,
thickened in the fire of the Instant,

time has little importance
precipitated beyond
the blaze of passion.

Chin in hand,
in the hour of sunlight still granted,
I knock at the chemistry of the cosmos,
searching for the light of astral intelligence.

•— II —•

I see then, from eyes lacking pupils,
the drowned meadow turn green,
the lens of mystery shining
with seeds of cosmic reaction,

Love of chlorophyl,
chronomillion-year amber

preserving flowers, little flying creatures
and green dreams of the beginning,
prison and casket of the first world;

as for me, I have no amber case
to keep words in transparent display,
the diamantine crystals of an ancient heartbeat,
a void with no gold envelops
my infinite song.

•— III —•

And yet beyond the inertia of absence,
the inverted gaze dizzy for *arché* endures,
the astral Beginning of LOVE,

if everywhere were the gaze of two,
eyes and molecules reflecting,
the same heartbeat, man and matter,

moves in a secret dance.
an unforeseeable encounter of enzymes,
selection by error
among wandering, combative protocells.

The same mystery of human feeling
more obscure than primeval sugars,
to fight against the distance of lovelessness,
as well as dense interstellar ice.

Yet you resist speaking out,
in this storm,
amidst the fall of electrons
or whirlpools of metallic ions,

the poetry of the last syllables,
the world in flux mirrors of *pietas*,
for us, post-sapiens,
for me, lacking rays that can be named,
to trust myself to agglutinated molecules of sound,
ours is an alchemical dance,

from the prebiotic dawning
to the sunken beyondword.

Dream of the Humpback Whale

I ought to take my hand
with fingers unfurling,

to comfort the stuttering of footsteps
weakened by the silence of love.

I add, as in Greek,
a syllabic finger at the end
of the word, to be closer when I speak to you.

The phrase given up reposes between pillows,
between linen fibers, like antique embroidery,
the name of the void in the void of the name,
a cameo of absence in the starched solitude
of sheets.

Sleep is pain's lover
it courts the night of things
where memory yields to dream,
the same abyss: the exit was never unscathed.

We vanish in an excess of sun
or too dark a delay.

In a crowd of dispelled desires
like the five thousand salmon
that fled in mass because of the eclipse,
chronicle and destiny, aligned
in shared subtraction,
and the word not saved.

Absent love that does not stop the darkness…

In an extreme attempt I try upside-down flight,
modulating the latest sonar.
But of you, Whale lost in the beyond,
I encounter only your blue tears,
loaned to my eyes.

Lamprey Journey

Now that I've left the profile of the mountains
for unassuming hills,
far from the courage of height
but still green-hoping,

the shaft of time reddens
in the arduous quadrant,
the work of fate
goes on, barring motion
trusting and light.

The meadow below words
blossoms with intentions
filtering through to reach you

when it sinks
into renunciation of all direction.

I line up syllables and names
along the shore of absence,
and walk towards you
through barbed curtains.

Blown sand
of questions on a thread of air
my only chain of love

and calling you to the visible
in the most tenuous of shapes,
the body of a whisper.

I'll make myself first like a lamprey₂ to touch
the light from within,
the fixed fire of the secret eye,
to give rhythm to the soul's vigil

and the great sleep where
I'll dissolve my fins in immensity.

Lamprey, you who love the stones
of chasms, who nestle in
our inmost self,

travelling fire whose glow
extinguishes sight opened
to unbury what is hidden at the bottom,

push your third pupil
making truth of the light of the depths

and turn off the darkness of night
pointing to the home of the soul,

the hibernation of the heart,
nourished by a different love.

In the surroundings of silence
your journey hurtles from the Beginning,
sinuous lamprey,
it teaches us to fall inside,

wave precipitated from hidden eyes,
to reach the center
of the whole, iris clotted with lifedeath;

if only I knew how
your punctured forehead
gazeless,

passes beyond all horizons,
avalanche of water,

that includes all
in a blink of inexistent lashes.

Archaic eel of dream,
migrant by fate,
predator of mystery,

blind seer
who dies after love
and before the life that comes after,

you who have the large numbers
in the millions of years since your origin
and in the infinite nascent sowing you leave,

I offer your mutant livery
the brine of an embryonic word
climbing backwards up the bed of time,
naked of skin and of delivery to the beyond,

we swimmers are the prey of fate
— love and death a single instant —
the same last leap.

Gravitation

Rippled air of the universe,
collision of dark bodies,
folded waves of memory
in space-time, axial titans
sinuously moving the electric
vortex in the cosmos

and we, at the foot of all things
only paltry landslides
and loss of soundless love,
we, too, waves
and gravity of memory.

To be able to survive absence,
not to melt into scorched filaments
with the resistance of astral catapults,

Generous stellar mystery,
the sight of the sun, radial reflex,
given us for minutes stolen from nothingness.

Such is my thought of you,
agglutinated love impressed
in the soul's retina,

invisible tapered comet
at the bottom of breath's coffer.

Minor Resurrection

Minor resurrection
among microcosms not orientated to living,

a fluvial valley of origin
come to me in the pauses
between congested breaths
to suggest the calm of Indolence.

Geological parsimony
among consumed minerals,
my heart of coal,
the sooty words.

The jolt of catastrophes
in the funnel of days
extinguishes you too,

it interrupts the continuum,
fractures the shouts,

subverts the ecosystem of suffering,
hurls you into deep time

among ichthyosauri like you
unrecognizable.

You poor man
sucked in by the species,
uniform mineral

with no life other than inanimate stone,
automaton tied to darkness,

beached on the deserted atoll
of the inexistent, in the dizzying
crater of the void.

Anthrope, anthrope!!
Citizen of nothing,
redeem our inexistence with love,
carry the roses of the universe
to the garden here below.

And by breathing make me worthy of the light,
Pioneer of dream
in profligacy of desire,

petals of yes at the foot
of the god of prodigy.

Morning of Origin

Savannah of air,
today's dawn is exploded
as in the Cambrian,
the oxygen of gods
for trilobites, the colonists of life,
first eyes of the world,
and for me, the dreamy bipod.

The time of myth wraps me
in a ring, pulverizing
the hierarchies of memory.
The ceremony of breath
mimics the rhythm of flight aboard
clouds, to reach you.

I nourish the word of red dances,
carnelians of sound
to spell the origins.

At seven in the morning
the kaolin of dream
whitens me by rite.

I sail the family of the living
intermittently,
flashes of water
for the sacred transmigration
at the start of the universe.

Sprinkled with dawnings,
I swim the time
between liquid totems
and ecstasies of ancient oceans
swishing with the first sacred gasps.

To transcend backwards,
in a cosmogenic Dive
into the Palaeozoic heart of the abyss,

to shatter the origins
in the supreme prodigy of form.

My Thirst for Two

Like the meeting of two black holes
in some corner of the universe
a billion light years away
— exactly two —

the wave generated
to envelop the earth.

This prodigy also belongs to humans,
the two of encounter
scintillates energy at high-pitched
and mysterious frequencies,

the gravitation of love
for the starry clusters
of loving souls,

perpetual motion
in stellar spaces or urban anxieties
unraveled by absence,
on the narrow shore where I rejoice
in your metaphorical sieges.

Few words, round, and whirling,
fibres spun out of the first nucleus,
surfacing in the heart's double beat,

in the double helix of life,
in the syllabic two
in the expanded eyes of the universe.

Horseshoe Crab₃

For two hundred million years you make love under a full moon,
little immutable living fossil,
you have more eyes than body,

— and two only for *finding* your she —.

And so many arms for your primordial *téchne*,
you multi-prehensile being of air and love,
glutton for breath and for clutching at life.

Mysterious crab come from the Beginning,
the secret gift of permanent identity,
safeguarded in your shell,
your night vision grown to millions,
your multiple vision,
barred by immensity,
to navigate intact
the night of time.

Yours is the abyss of the algae of life,
Yours the primate of essence,
You who swim with your eyes,

discern my direction, too:
my disoriented swimming
entrusted to your primal eyes,
expanses of biowisdom.

Limulus Polyphemus,
look at the whole for me,
make me a sister of the slanted sight,

like you, aqueous she-Hound of light.

Quantum Spikes

I am going inwards,
by migration of electrons,
changing lines and direction each time,
in discontinuous jumps,

except for the certainty of lighting my way,
and being able to tell you about it,
and bequeathing you the dance
of rainbowed vibration,
out of pure momentum,

soul and hydrogen, the self-same energy.

Of this journey — a story of shifting shadows
to gift with voice — is my time:
I go through it by diffraction,

waving my gestures
with elastic trust,
within the frame of days.

My ongoing momentum
fans out
at the narrowest point of the passage

I trust myself to thinking photons
in the secret of interference,
light and destiny, a parallel mystery.

In what branch of the real am I walking?
And do you see me, from the other side of the probable,
where the spikes of the possible
tighten on friendly faces of the multiple?

Choose the spike of St. John's night
in the sheaf of twelves,
like months or constellations —
let it be an arrow of stellar spike
to nourish the propitious direction of morning.

Become for me a taste to shuck,
reality in the fragrance of flavour,
life: the sweet-smelling hatching of hypothesis,

among the goddesses of Surprise
in multi-sounding jubilee,
in the quantum festival of the whirlwind.

Acrobatics of Species

When the abyss is heaven
with a whale's titanic leap,
I, too, jump into the beyond,
with forty tons of words,
many afloat, shipwrecked
just above the water,
brackish and floundering.

The rest looks like me,
wordskin that can fly,
flippers for wings, to make pages of air
to resist the lack of love.

Cetacean song of mystery
gushing in sounds on skin.

If I were to beach,
mutating to a piteco,
less cumbersome,
straddling not-being,
I'd talk to you from leaf to leaf

and, to start leaping again,
I'd make myself ornithosolar
for love of light,

tinkling bevies of words
in free fall among the dunes
of our time, syllables
tapered into trills:

you'd recognize them perched
on that branch of destiny
that exhausted your phalanges and smiles.

And they go, the sunlit surges of species go,
the azure thoughts of seals,
the feathered sighs of herons,
men and microbes, breakaway molecules
of the Great Flight.

Let us meet here, now,
in the final metamorphosis,
in the red hours
of prodigy, to join
all profiles of the living,
in the anatomical felicity

of the instant.

Blond Breath of Rebirth

At every full moon I'll continue
to see the silver of the universe
to flood in a contest of love
with the rivers of the soul led
by fate to flow
into the center of the earth.

Free now from all intention,
after a long-lasting blaze,
I choose as a model
the moth's predestined happiness,
the grace of wings not human.

Without the clumsy stumbling
of wanting to forge my fate,
the pain left waving
free as a flower,

to disappear into the background of things
flatten ourselves on moss,
become our own atlas

like the Oxyrhynchian crab,
to carry everything on our back
with biological pride.

GABRIELLA CINTI

I'd have liked to graze on life
on the palms of love,
breathing gently,

to love like the hermit crab
with sea anemones and to wear
life lightly and united.

And, like the carrier crab, glue to myself
small trophies of the heart
marbled on my contours.

The unfocused shroud of the infinite
has scattered the sudarium
of the last azure tears
in the gaze of air,
its only welcome.

And now, once more I take the road of saying,
the obstacle course
through refractory syllables,
my hands folded in prayer
around the word,

Nisaba, Lady of traced borders,
Sumerian guardian of my slow
cry of rebirth

among new spears of writing
forge me blond sprouts
of the breath of rebirth.

July 8th, 2020

The Road Within

The clear road
for some time now you've had the keys,
invisible like uncertain fingers
that surprisingly untie the knots.

If they weighed our souls,
mine and yours,
the scale of psychostasia
would tilt towards me
for gravity of love, if nothing else.

Like the praying ollas of the ancient Daunians
how often have I stretched out the hands
of soul to the Universe
making eternal vows.

Like the word that follows truth
to the last syllable,
so I shall never leave off searching for you
absent present
to grasp and glean the essence of love,
evident even to the absent-minded.

Every time I pronounce the end
I see the truth in your eyes,
and the black sentences creak with falsity:
like the morning light,
undeniable even to the absent-minded.

Dressed in silver, the thought electrons
pass between us without pause,
weaving a story of cells,
the same vibrating intrigue,
rooted resistance to all negation.

We are left only with the peace
of the Honey of welcome,
to dismiss the hurdles
of every vacuous resistance,

to follow the road within
the gold of the word pronounced,
the vertical plunge into destiny.

29th September 2020

Euglena[4]

Awakening of words
vines of suffused light, in time
born within the voice,
to spell the shapes of nature
and of consciousness.

Ancient accents gurgle
in the open day
and I call it into being,
spelling out white attributes
faithful to the myth of primal splendor.

Microscopic hunter of light,
I am like you, Euglena,
a good, eyeless pupil

fluctuating between plants and animals,
with no country of identity,
not knowing how to choose our true nature.

You come from the *one*
among nature's tentative forms,
before dimensions forked,

deserter of the full, round state
you imitate in your motion,
restless in a *two* of survival.

Your real goal is to swim towards the light,
to catch it and become a vegetable soul,
chlorophyl psychosynthesis.

I lack your talent for survival,
in the darkness you adapt to,
when you kill only because
you cannot live on sunlight,

Euglena, who carry translucence in your name$_5$,
messenger of nature's kingdoms,
gently distant, memory
of grace in myth,
if you remain flower of lymph.

I know that we are seaweeds
continually swaying,
in motion and in kind,

and I, too, blossom into long scissions
of soul, a fluid state of wavering life.

And so, sunk in the long-gone time
from which I come,
nourished by cells of words to excavate
the origins, I write you from the depths,

Euglena, goddess of protozoans,
who think in pigments,
your antennas of knowledge.
You have no need to know,
you never lean on the shoulders of things
yet I feel your urgent quest for light as my own.

If I draw nearer to hear
your unpronounced
secret vowels,
I sense our sisterhood.

We are gifted with the cord of origins,
the tangled thread of the Beginning
to reach the skein's first starting point,

where Sense as guest
was throbbing with flesh, with leaves,
with swimming souls, with humans
hidden inside acronyms, in the first organisms.

Your teeming life mirrors the swarms
of signs followed every day of my life,
words fallen from the sky in larvae of sound:

the same need for prey
to nourish the Sense brought by the river time.

The direction of the Work is broadened,
uncertain, we do not belong entirely
to the journey of species,

we are fated to cross its borders
and I surprise myself in mutations
of motion and of state.

One April day, in the meadows of silence,
I wander towards the knowledge of Intent,
were it to exhale like wind.

Out of my obstinate incomprehension
I shall forge a device of strength
born in your biological inner sanctum,

and I shall return free of all form,
in sublime renunciation,
dissolved in your waters,

in the mystery of your being, Euglena.

NOTES

1. Page 1

    Dryopitechi, (literally "apes of the oak"), lived in Europe and African in the Miocene, between twenty and thirty million years ago. After the great glaciations their habitat was forested areas, where "my" little ape made herself a place in history by achieving an erect posture and by strengthening her masticating apparatus, which increased the ability to feed herself and perhaps even to vocalize.

2. Page 12

    Lamprey, vertebrate of the order *Petromyzontiformes* (literally, ones who suck on stones), a group of jawless aquatic vertebrates. They are among the most primitive of vertebrates, perhaps going back as far as 500 million years.

    Similar to an eel, it has large eyes and is covered by a slimy, scaleless skin, rich in mucilaginous cells. A large nostril similar to an eye orbit occupies the space between the eyes. During their long wedding voyage (in fact, it would seem that their entire life cycle is spent travelling) lampreys take no nourishment, and after depositing their eggs they die.

    Reproduction occurs only once during their life cycle. Besides these features, the lamprey has another peculiarity that ties it to the phylogenetic development of the function of the epiphysis. In primitive fish Petromizonti, this consists in the pineal organ, an extroversion of the dorsal part of the diencephalon, and can take on the characteristics of an organ of sight coated with an area of transparent, unpigmented skin. The curious feature of this structure is that, in contrast with what takes place at the retinal level, the sensory perception of these cells is turned inwards. The epiphysis also regulates the production of serotonin, which governs the entire biopsychic and libidinal equilibrium. In man the epiphysis maintains it original function as photoreceptor, the remains of primitive vision thanks to which this organ coincides with the so-called "third eye" of Chakra doctrine. Descartes identified it as the seat of the soul, the point of connection between the *res cogitans* and the *res extensa*, because, effectively, what he called the pineal gland serves to connect the limbic to the nervous apparatus.

3. Page 23

    Limulus polyphemus is a chelicerate arthropod, the only representative of the genus *Limulus,* descendant of a species that may have lived in the Triassic age roughly 200 million years ago and has remained virtually unchanged. Its habitat is the ocean floor. It has six pairs of appendages, two of which allow it to grasp females during mating; and five pairs of respiratory organs, branchial prolongations also used for swimming, with chemo-sensors sensitive to the water's characteristics. It is also able to breathe on land for brief periods of time, as long as the gills are humid. The horseshoe crab represents a model organism for studies of the physiology of sight. Its optical apparatus is made up of two compound lateral eyes situated on top of the carapace and five simple eyes, of which two are medial, one endoparietal and two rudimentary lateral eyes. The compound eyes constitute an exception among chelicerates and are mainly used for locating a partner.

4. Page 35

Euglena (from the Greek "the good pupil;" the most well-known is the *viridis*, for the green of its internal chloroplasts) is a primitive, unicellular alga which contains roughly ten chloroplasts (organelles typical of plants whose membranes effect photosynthesis.) It is, moreover, the best-known representative of the autotrophic protists of the family *Euglenaceae*. It is a protozoon, an example of primitive life forms. It possesses a stigma (an ocular spot that functions as photoreceptor), a sort of eye, which allows the Euglena to swim towards the light to carry out the photosynthesis performed by the above-mentioned chloroplasts. If there is no light, it is not able to feed itself through photosynthesis. Consequently, it becomes heterotrophic, englobing prey by phagocytosis through the apical cavity, with the help of two flagella which also enable it to move by rotating, wavering or slithering. Reproduction does not take place sexually, but by scission.

5. Page 36

In the component *'glena'* of the word can be found the root *"gal,"* which is also found in the word "galena," indicating a calm sea. Strictly speaking, it refers to the glow and serenity of light reflected in water, the same liquid that is the natural habitat of the *Euglena*. According to Hesiod, in Greek mythology *Galena* was one of the Nereids, sea nymphs who were daughters of Nereus and the Oceanid Doris. Belonging to Poseidon's retinue, they were portrayed as delicate maidens.

END

GABRIELLA CINTI

CANTO DELLE ORIGINI

✳ ideapress

Prefazione

Di: Giovanna Albi

Questo libro si pone come una esplorazione dell'inizio della vita che prende corpo di poesia in dialogo con le forme primordiali del vivente, con le quali la poeta si intreccia in una catena d'amore e intesse un dialogo sentimentale e intellettivo.

Nello stesso tempo vibrano, sottese, la ricerca inesausta del Senso Primo dell'essere, l'indagine su quel nascere della coscienza che reca in sé il segno della scintilla divina.

Leggendo queste poesie, pare di ascoltare una voce che si rivela affine alla propria, che si eleva oltre il muro dell'indifferenza e si staglia nitida e netta a dire parole di senso compiuto verso "l'oltre dell'oltre" e dell'"altrove".

In questo secolo di deserto emotivo e di nichilismo strisciante capita che l'anima sia pigra all'ascolto, ma la silloge *Song of Origins* di Gabriella Cinti "vince di mille secoli il silenzio" e si impone come pietra viva nel panorama culturale.

Tutte le realtà si connettono in una visione superiore e universale; un movimento ascensionale lega tempo ed eterno, materia e forma, finito e infinito.

Le "creaturine" primordiali, come le chiama la poeta, parlano la stessa lingua delle forme complesse e "Chissà se piangevi? Dryopiteca piccolina" parla a un tu, fatto dello stesso mondo emozionale di un essere contemporaneo, un tu così esposto come noi alla caducità della vita e alla condizione di farfalla.

Il *fil rouge* della compatta silloge è l'amore cosmico, per nulla equiparabile a un misticismo modaiolo, perché i versi si impiantano in una solidissima struttura in cui si incontrano filosofia, antropologia, cultura classica e scientifica.

Forte è il debito alla grecità per l'impostazione classica cui si unisce una scaltrita conoscenza delle altre discipline.

La fusione di tutte le realtà, piccole e grandi, spinge alla contemplazione dell'"Uno Tondo" di Parmenide e di Platone, oltrepassando il paradosso dell'Essere/Divenire in cui affondano le radici Occidente e Oriente.

Come la sacerdotessa Diotìma di Mantinea del Simposio platonico, Gabriella Cinti, "Mystis" in arte, ci inizia, in una dualità io/tu, ai Piccoli e Grandi Misteri dell'Eros, forza propulsiva del singolo e dell'Universo tutto.

Un eros tutto greco, vitale e necessario perché il prodigio si compia e si dischiudano le forme originarie: "trascendere a ritroso/in tuffo cosmogonico/nel cuore paleozoico dell'abisso, /a dirompere l'origine/ nel prodigio supremo della forma."

Ondivago fluire delle forme fino alla contemplazione del Mistero, del "varco" montaliano; pure si allarga "la maglia nella rete che stringe": "Questo prodigio è pure tra gli umani, / il due dell'incontro/ scintilla energia su frequenze/sottili e misteriose/ la gravitazione dell'amore…".

C'è sospensione dell'attesa del Prodigio che certo avverrà se la mente è tesa a puntare l'infinito nella sera punteggiata di stelle. La mente di Cinti è ferma e in tensione, non recede di fronte all'eventuale assenza di un tu amoroso, ma si spinge oltre a fissare lo sguardo nell'insondabilità ineffabile dell'Essere e dell'Universo.

Un percorso da compiere necessario, un cogente bisogno di raccontare quel mondo che le si dischiude come l'apertura della porta magica in profondissima meditazione.

Gabriella Cinti

Gabriella Cinti, in arte Mystis, nata a Jesi (An), italianista, poeta, mitografa, saggista, antropologa del mondo antico e archeologa delle lingue europee, con una specifica attenzione al greco antico, in cui è anche performer in vari Festival e manifestazioni artistiche o teatrali.

Le sue poesie sono presenti in numerose antologie poetiche.

Recensita in vari giornali e riviste letterarie e blog letterari e culturali.

Ospite di vari festival e rassegne letterarie internazionali e protagonista di varie interviste e trasmissioni culturali.

Sulla sua poesia il saggio di Franco Manzoni, *Femminea estasi. Sulla poetica di Gabriella Cinti*, Algra Editore, Catania, 2018.

Ha pubblicato saggi critici in varie riviste specializzate, come *Mosaico*, (Università Brasiliane di Rio de Janeiro, 2014, *Le Parole e le Cose*, 2021, *La Presenza di Erato*.

Tradotta in inglese, rumeno, polacco, greco moderno e spagnolo.

A gennaio 2023, è uscita in Romania la 'plaquette' *În gura timpului* (*Nella bocca del tempo*), tratta da *Prima*, (Puntoacapo Editrice, 2022), per le Edizioni Cosmopoli, Bacau.

Saggi

- *Il canto di Saffo-Musicalità e pensiero mitico nei lirici greci*, con una introduzione di Angelo Tonelli, Moretti e Vitali, Bergamo 2010.
- Il saggio-ebook, *Emilio Villa e l'arte dell'uomo primordiale: estetica dell'origine,* per le edizioni I Quaderni del Bardo, Lecce, 2019.
- *All'origine del divenire: il labirinto dei Labirinti di Emilio Villa* Mimesis, Milano, 2021. Recensito su www.treccani.it nel 2021.

Opere di poesia

- *Suite per la parola*, Péquod, Ancona, 2008.
- *Euridice è Orfeo*, Achille e la Tartaruga, Torino, 2016,
- *Madre del respiro*, Moretti e Vitali. Bergamo, 2017.
- *La lingua del sorriso. Poema da viaggio*, con un saggio critico di Francesco Solitario, Prometheus Editrice, Milano, 2020. Recensito sul *Corriere della Sera*, il più importante quotidiano italiano, 2020.
- *Prima,* Puntoacapo Editrice, Pasturana (Al), 2022.

Premi

— SAGGI —

Il canto di Saffo-Musicalità e pensiero mitico nei lirici greci.

- Premio Speciale, *Città di Cattolica,* 2012.
- Secondo Premio, *Cinque Terre-Golfo dei Poeti,* 2013.

— POESIA —

Suite per la parola.

- Primo Premio, Premio *Nabokov* per la Poesia, 2008.

Euridice è Orfeo.

- Premio della Stampa, Concorso di Poesia *Città di Acqui Terme,* 2012.
- Primo Premio, Concorso di Poesia *Rodolfo Valentino Sogni ad occhi aperti,* 2013.
- Finalista, Concorso Internazionale *Città di Como,* 2017.
- *Finalista,* Premio *Guido Gozzano,* 2017.
- Primo Premio, Premio Internazionale *Albero Andronico,* 2018.
- Primo Premio, Premio Internazionale *Il Golfo,* 2019.
- Primo Premio, Premio Letterario *Publio Virgilio Marone,* 2022.

Madre del respiro.

- Speciale Segnalazione Critica, *Premio Lorenzo Montano,* 2017.

- Primo Premio, Premio Internazionale *Albero Andronico*, 2020.
- Terzo premio, Premio d'eccellenza *Città del Galateo–Antonio De Ferraris*, 2021.
- Speciale Segnalazione della Giuria, Premio Internazionale *Principe Boncompagni Ludovisi*, 2021. Cerimonia in Campidoglio.

La lingua del sorriso. Poema da viaggio.

- Primo Premio, Premio Letterario Internazionale *Il Sublime*, 2018.
- Primo Premio, Premio Internazionale *Ascoltando i silenzi del mare*, 2018.
- Primo Premio, Premio Letterario Internazionale *Città di Sarzana*, 2020.
- Secondo Premio, Premio Internazionale di Poesia *AssoSinderesi Awards*, 2022.
- Primo Premio, Premio Nazionale letterario *Cecco d'Ascoli*, 2022.

Prima.

- Menzione Speciale della Giuria, Premio Letterario Internazionale *Casentino*, 2022.
- Terzo Premio, Premio Letterario *Giovane Holden*, Viareggio, 2022.
- Primo Premio, Premio Letterario Nazionale *Città di Mesagne*, 2022.
- Premio Speciale della Giuria, Premio Letterario Internazionale *Città di Sarzana*, 2022.
- Speciale Segnalazione Critica al *Premio Lorenzo Montano*, 2022.
- Primo Premio, Premio Internazionale di Poesia *L'Arte in Versi*, 2023.
- Premio Speciale della Giuria, *Lucrezio*, Premio *Nabokov*, 2023.
- Premio Nazionale *Franco Enriquez* 2023-Città di Sirolo XIX^ edizione, Categoria Letteratura Italiana Antica e Moderna — Sezione Poesia.
- Primo Premio, *Città del Galateo* - X Edition, 2023.

— POESIA INDIVIDUALE —

Lana di parole.

- Secondo Premio, Premio di Poesia *Città di Santa Anastasia*, 2022.

Brenda Porster

Brenda Porster, scrittrice e traduttrice letteraria, è nata e ha studiato negli Stati Uniti prima di trasferirsi a Firenze, dove vive e lavora. Scritte in inglese e in italiano, le sue poesie appaiono in entrambe le lingue in riviste e siti web sia stranieri che italiani, oltre che in numerose antologie collettive (la più recente è *Confine donna* 2022), in Italia e all'estero, e sono tradotte in Francese, Tedesco e Portoghese. Dal 2009 recita le sue poesie in spettacoli multimediali in Italia e all'estero con l'Ensemble teatrale "La compagnia delle poete".

Specializzata in traduzione letteraria, ha tradotto numerosi poeti italiani contemporanei, pubblicando le sue traduzioni in importanti riviste letterarie all'estero (tra cui *Gradiva*, *The Italian Poetry Review* e *Poetry Birmingham*) e in Italia. È stata traduttrice per il sito letterario *El Ghibli: letteratura della migrazione* e attualmente per la rivista *Voyagers: Journal of New York University in Florence*, per il Festival Poetico Fiorentino *Voci lontane, voci sorelle*, e per *Antonym*, rivista di traduzione internazionale. Ha co-tradotto *For the Maintenance of Landscape: Selected Poems of Mia Lecomte* (Toronto, 2012) e, sempre di Mia Lecomte, i racconti in *Cronicles of an Impossibility* (in corso di pubblicazione). Le traduzioni più recenti includono una nuova raccolta poetica di Mia Lecomte, *Home is What is Left* (Antonym Press, 2023), poesie di Federico Italiano, novelle e interviste con artisti visivi di Marco Mazzi. Collabora regolarmente con la casa editrice *Castoro* nella traduzione di libri per infanzia.

Dall'inglese in italiano ha tradotto con G. Sensi la poeta inglese Vicki Feaver (*Poesia*, ott. 2006) e ha co-curato tre antologie di poesia femminile contemporanea: *Corporea* (2009), *La tesa fune rossa dell'amore* (2015) e *Matrilineare* (2018).

INDICE

Chissà se Piangevi?

Chissà se piangevi,
Dryopiteca piccolina[1],
a sillabare per prima l'aria di mani,
la conquista del cielo con gli occhi,

apparso per primo prodigio
nel varco dei tuoi boschi,

Ninfa del Miocene,
chissà se piangevi?

Le viridate tue lacrime,
il dolore scoperto nel sale sulle labbra,
a terra cadevano,
hai accolto così in te anche
il pianto delle tue sorelle di prima.

Trenta milioni di anni per assaporare
il soffrire come un sapore; più tardi,
cangiata in resina invetriata,

la dolente Mirra imperlerà
di cera d'avorio il pianto d'amore,
a te forse risparmiato
Bambina Primate, cucciola di nostra forma.

Tra gli alberi batteva il tuo cuore,
i tuoi denti sonori ritmavano il respiro
in suoni di preparola.

E non so se piangevi,
se capivi la musica della savana,
la voce delle conifere,
l'intelligenza del silenzio.

Ne so quanto te del mistero dei rami,
delle foreste troppo spesso nemiche.

Quanti milioni di anni
ha la storia delle mie lacrime?

E tu forse per prima nel folto verde
le hai viste cadere,
perle tue, non di pioggia
e hai distinto la rugiada dalla pena,
forse solo uno squittio più debole
per nominarle.

Chissà se piangevi, tra tende di querce,
Tu che migravi di stato,
Tu minuta tra i giganti,
Tu che per gradi sottili
pervenivi all'umano?

Mi giunge per sordo boato
di immani ere per te inesplorabili,
la voce del tuo pianto sconosciuto,

la transizione dei mondi avviata
oltre l'oceano abissale
richiuso sulle tue piccole spalle.

Nel mio, raccolgo le tue inconsapevoli
lacrime fossili,
i sospiri mai emessi,
l'amore che non hai potuto
neppure pensare.

Ma chissà se piangevi?

L'Amore che Move il Sole e L'Altre Stelle

•— I —•

Il governo del *due*
tra *quark* danzanti e inusitati
a celebrare il primo moto,
per onde, della materia.

Ne immagino un respiro oscillante,
e vibrare per rimbalzi il coraggio dell'origine,
euforia delle cellule nell'urto primario:

c'è sempre un bacio all'inizio della vita.

Dei miei, solo uno, fossile
in conchiglia di memoria,

frammenti stellari in fuga
oltre le tue labbra.

Per furore di vita mi includo nei pluriversi,
dove fervore di carbonio prelude
alle forme espanse:
brulichio e disordine
come l'amore ardente,
nel tempo Uno del fuoco.

Solo residui di combustione mi giungono:
spossata la luce che pensa il settembre,
trapela il lungo viaggio
un lembo soltanto, per prodigio,
tra le stelle scese sul viso

e sento la memoria dell'universo
che s'arrugiada di pioggia astrale.

Averti amato si iscrive nel caso necessario,
un ammasso siderale,
addensato nel fuoco dell'Istante,

poco importa il tempo
precipitato oltre
il fiammeggiare delle passioni.

Il mento sulla mano,
nell'ora del sole ancora concessa,
busso alla chimica del cosmo,
cerco luce di intelligenza astrale.

•— II —•

Vedo allora, con occhi senza pupille,
verdeggiare il prato sommerso,
la lente del mistero a brillare
semi di reazione cosmica,

Amore di clorofilla,
ambra cronomilionaria

che conservi fiori, piccoli volanti
e i sogni verdi del principio,
prigione e scrigno del mondo primo;

per me non ho astuccio d'ambra
che conservi le parole in teca trasparente,
i cristalli diamantini di un antico palpito,
il vuoto senza oro fascia
la mia infinita canzone.

•— III —•

Perdura tuttavia, oltre l'inerzia del nulla,
lo sguardo arrovesciato in vertigine di *arché*,
l'Inizio astrale dell'AMORE,

se ovunque fu sguardo di due,
occhi e molecole a specchio,
lo stesso palpito, uomo e materia.

Muove di segreta danza
imprevedibile incontro di enzimi,
selezione per errori
tra protocellule vaganti e battagliere.

Lo stesso mistero dell'umano sentire
più oscuro degli zuccheri primordiali,
a combattere la dura distanza del disamore,
quanto denso ghiaccio interstellare.

Resiste eppure il pronunciarti
in questa tempesta,
tra cadute di elettroni
o mulinelli di ioni metallici,

la poesia delle ultime sillabe,
specchi di *pietas* il divenire del mondo,
per noi, post-sapiens,
per me, senza raggi di nominabile,
affidarsi a molecole agglutinate di suoni,
danza alchemica nostra,

dall'alba prebiotica
all'oltreparola inabissata.

Sogno di Megattera

Dovrei prendermi per mano
con dita affiorate da dentro,

per consolare la balbuzie dei passi,
fiochi per silenzio d'amore.

Aggiungo, come in greco,
un dito di sillaba in fondo
alla parola, per parlarti più da vicino.

La frase rinunciata riposa tra i cuscini,
tra fibre di lino, come un antico ricamo,
il nome del vuoto nel vuoto del nome,
cameo di assenza nella solitudine
inamidata delle lenzuola.

Ama il sonno, il dolore,
correggia la notte delle cose,
dove memoria cede al sogno,
lo stesso abisso: mai illesa fu l'uscita.

Ci si dilegua per troppo sole
o troppo oscuro indugio.

In folla i desideri dissolti
come i cinquemila salmoni
fuggiti in massa per l'eclissi,
cronaca e destino, allineati
in comune sottrazione,
e la parola non salva.

Amore assente che non arresta il buio...

Per estremo tento il volo rovesciato,
modulando l'ultimo sonar
ma di te, Megattera smarrita nell'oltre,
incontro solo le tue lacrime azzurre,
prestate ai miei occhi.

Viaggio-Lampreda

Ora che ho lasciato i profili dei monti
per colline dimesse,
lontane dal coraggio dell'altezza,
ma pur verdesperanti,

l'asta del tempo s'arrossa
nel quadrante arduo,
il lavoro del destino
avanza, sbarrando il moto
fidente e leggero.

Il prato sotto le parole
fiorito di intenzioni
traluce per raggiungerti

quando si sprofonda
in rinuncia di direzione.

Metto in fila sillabe e nomi
lungo l'argine dell'assenza
e cammino verso di te
tra spinati sipari.

Sabbia soffiata
di domande sul filo dell'aria,
mia sola catena d'amore

e chiamarti al visibile
nella più tenue delle forme,
il corpo di un sussurro.

Mi farò prima come lampreda₂ per tastare
la luce da dentro,
il fuoco fermo dell'occhio segreto,
a ritmare veglia d'anima

e il grande sonno dove
scioglierò le pinne nell'immenso.

Lampreda che ami le pietre
di voragine e ti insedi
fin nell'intimo nostro,

fuoco viaggiante di chiarore
che spegne il vedere aperto
per schiudere il sommerso nel fondo,

spingi la terza pupilla
inverando la luce dell'abisso

e spegni la notte cupa
additando la casa dell'anima

il letargo del cuore,
di altro amore nutrito.

Nei dintorni del silenzio
il tuo viaggio sfrecciato dall'Inizio,
sinuosa lampreda,
ci insegna a cadere dentro,

orda precipitata dagli occhi
nascosti, per compiere il centro
del tutto, iride addensata di mortevita;

se solo io sapessi guardare come
la tua fronte forata
senza sguardo,

trapasso di tutti gli orizzonti,

frana d'acqua
che comprende il tutto
in un battito di ciglia inesistenti.

Anguilla arcaica del sogno,
migratrice per sorte,
predatrice del mistero,

veggente cieca
che muori dopo l'amore
e prima della vita che ti sussegua,

tu che hai i grandi numeri
nei milioni di anni della tua origine
e nella infinita semina nascente che lasci,

io dono alla tua mutante livrea
il salmastro di una parola embrione
che risalga il letto del tempo,
nuda di pelle e di consegna all'oltre,

prese prede noi nuotanti per fato
— un solo momento amore e morte —
lo stesso ultimo salto.

Gravitazione

Increspata aria dell'universo,
scontri dei corpi oscuri,
pieghe ondose di memoria
nel tempo-spazio, titani assiali
a muovere flessuosi il vortice
elettrico nel cosmo

e noi, ai piedi del tutto
solo misere frane
e cadute d'amore senza suoni,
flutti anche noi
e gravità di memoria.

Poter sopravvivere all'assenza,
non sciogliersi in filamenti strinati
con la resistenza di catapulte astrali,

Generoso mistero stellare,
la vista del sole, riflesso radiale,
donata a noi per minuti sottratti al nulla.

Così è il mio pensiero di te,
agglutinato amore impresso
in retina d'anima,

invisibile cometa affusata
in fondo allo scrigno del respiro.

Resurrezione Minore

Resurrezione minore
tra microcosmi disorientati al vivere,

una valle fluviale dell'origine
mi sorga nelle pause
del respiro congestionato
a suggerire Indolenza che placa.

Parsimonia geologica
tra minerali esausti,
il mio cuore di carbone,
le parole affumicate.

Il sobbalzo delle catastrofi
nell'imbuto dei giorni
estingue anche te,

rompe il continuum,
spezza anche i gridi,

sconvolge l'ecosistema del soffrire,
ti getta nel tempo profondo

tra ittiosauri irriconoscibili
come te.

Tu povero uomo
risucchiato dalla specie,
minerale uniforme

senza altra vita che la pietra disanimata,
automa annodato all'oscuro,

spiaggiato nell'atollo più deserto
dell'inesistente, nel cratere
vertiginoso del nulla.

Anthrope, anthrope!!
Cittadino del niente,
riscatta d'amore l'inesistenza nostra,
porta le rose dell'universo
nel giardino del sotto.

E per soffi fammi degna della luce,
Pioniera del sogno
in sperpero di desideri,

petali di *sì* ai piedi
del dio del prodigio.

Mattino D'Origine

Savana d'aria,
l'alba di oggi esplosa
come nel Cambriano,
l'ossigeno degli dèi
per i trilobiti, coloni della vita,
i primi occhi del mondo,
e per me, bipede sognante.

Il tempo del mito mi cinge
ad anello, polverizzate
le gerarchie di memorie.
La cerimonia del respiro
simula il ritmo del volo a bordo
di nubi, per raggiungerti.

Nutro la parola di danze rosse,
corniole di suoni
per sillabare l'origine.

Alle sette del mattino,
il caolino del sogno
mi imbianca per rito.

Navigo la famiglia dei vivi
per intermittenze,
lampi d'acqua
per il trasmigrare sacro
all'inizio dell'universo.

Aspersa di primordi,
nuoto il tempo
tra totem liquidi
ed estasi di antichi oceani,
fruscianti dei primi sacri sussulti.

Trascendere a ritroso,
in Tuffo cosmogonico
nel cuore paleozoico dell'abisso,

a dirompere l'origine
nel prodigio supremo della forma.

La Mia Sete di Due

Come l'incontro dei due buchi neri
in un angolo di universo
a un miliardo di anni luce
— proprio due —

l'onda generata
ad avvolgere la terra.

Questo prodigio è pure tra gli umani,
il due dell'incontro
scintilla energia su frequenze
sottili e misteriose,

la gravitazione d'amore
per gli ammassi stellari
delle anime amanti,
moto perpetuo negli spazi

astrali o inquietudine urbana
sfilacciata d'assenza,
nella sponda minima dove mi
rallegro dei tuoi assedi per metafore.

Poche parole, rotonde, e roteanti,
filamenti slanciati dal primo nucleo,
affiorate nel battito doppio del cuore,

nella elica doppia della vita,
nel due della sillaba
negli occhi espansi dell'universo.

Limulo,

Da duecento milioni di anni fai l'amore al plenilunio,
immutabile fossilino vivente,
hai più occhi che corpo,

— e due solo per trovare la tua lei —.

E tante braccia per tua primigenia *téchne*,
tu multiprensile d'aria e d'amore,
goloso di respiri e di vita afferrata.

Granchio misterioso venuto dall'Inizio,
il dono segreto dell'identità
permanente, custodito nel tuo guscio,
la tua vista di notte espansa a milioni,
il tuo sguardo multiplo,
sbarrato di immenso,
per navigare intatta
la notte del tempo.

Tuo è l'abisso d'alghe della vita,
Tuo il primato di essenza,
Tu che nuoti con gli occhi,

leggi anche la mia direzione:
il mio nuoto disorientato
affidato ai tuoi occhi d'origine,
espansi di biosapienza,

Limulo Polifemo,
guarda il tutto per me,
fammi sorella della visione obliqua,

come te, Segugia acquea della luce.

Spiga Quantica

Vado verso il dentro,
in migrazione di elettroni,
mutando linee e percorso ogni volta,
per salti discontinui,

salvo la certezza di farmi luce
e potertela raccontare,
e trasmetterti la danza
di vibrazione colorata,
per puro slancio,

anima e idrogeno, la stessa energia.

Di questo viaggio — storia di ombre mutanti
a cui dare voce — è il mio tempo:
lo attraverso per diffrazione,

ondulando i miei gesti
con fiducia elastica,
nel quadro dei giorni.

Espanso a ventaglio
il mio slancio accadevole
nel punto più stretto del passaggio

mi affido ai fotoni pensanti
nel segreto dell'interferenza,
luce e destino, mistero parallelo.

In quale ramo del reale sto camminando?
E tu mi vedi, dall'altra parte del probabile,
dove, strette, le spighe del possibile
stringono i volti amici del molteplice?

Scegli quella della notte di San Giovanni
nel fascio delle dodici,
come mesi o costellazioni —
che sia freccia di grano astrale
per nutrire la direzione propizia del mattino.

Diventami sapore da sgranare,
la realtà in fragranza di gusto,
la vita: la schiusa profumata di un'ipotesi,

tra le dee della Sorpresa
in giubilo multisonante
nella festa quantica del turbine.

Acrobazie delle Specie

Quando l'abisso è cielo
con titanico slancio di balena,
salto anch'io nell'oltre,
con quaranta tonnellate di parole,
molte galleggiano naufraghe
a pelo dell'acqua,
salmastre e senza presa.

Il resto mi assomiglia,
logoderma capace di volo,
ali di pinne, per rendere fogli d'aria
per resistere al disamore.
Canto cetaceo del mistero
zampilla in suoni sulla pelle.

Se spiaggiassi,
in mutazione piteca,
meno ingombrante,
a cavalcioni sul non esserci,
ti parlerei da foglia a foglia

e per riprendere il salto
mi farei ornitosolare
per amore della luce,

tintinnando stormi di parola
in caduta libera tra le dune
del tempo nostro, sillabe
affusolate in gorgheggi:

le riconosceresti appollaiato
in quel ramo di destino
che ti ha stremato falangi e sorrisi.

E vanno, vanno i flutti assolati delle specie,
i pensieri azzurri delle foche,
i sospiri piumati degli aironi,
uomini e microbi, molecole in fuga
del Grande Volo.

Troviamoci qui, ora,
nell'ultima metamorfosi,
nelle ore rosse
del prodigio, a congiungere
tutti i profili del vivente,
nella felicità anatomica

dell'istante.

Respiro Biondo di Rinascita

Ad ogni plenilunio continuerò
a vedere l'argento dell'universo
esondare in gara d'amore
con i fiumi d'anima condotti
dal destino a scorrere
nel centro della terra.

Libera ora dagli intenti,
dopo lungo rogo,
fisso come modello la felicità
destinica del lepidottero,
la grazia delle ali non umane.

Senza gli inciampi maldestri
del volersi forgiare il destino,
il dolore lasciato dondolare
a fiore libero,

sparire sullo sfondo delle cose,
appiattirsi sul muschio,
farsi atlante di sé stessi

come il granchio ossirinco,
portarsi tutto addosso
con orgoglio biologico.

Avrei voluto brucare la vita
su palmi d'amore,
con mansueto respiro,

amare come il paguro
con le anemoni di mare e indossare
la vita leggeri e congiunti.

E come il dorippo incollarsi
piccoli trofei del cuore,
marmorizzati sui miei contorni.

La sfocata sindone dell'infinito
ha disperso il sudario
delle ultime lacrime azzurre
nello sguardo d'aria,
sua sola accoglienza.

E ora riprendo la strada del dire,
il cammino a ostacoli
tra le sillabe refrattarie,
le mie mani in preghiera
intorno alla parola,

Nisaba, Signora dei confini tracciati,
custode sumera del mio lento
grido di rinascita

tra nuove spighe di scrittura
forgia per me germogli di respiro
biondi di rinascita.

8 luglio 2020

La Strada di Dentro

La via chiara,
da tempo ne hai le chiavi,
invisibili come le incerte dita
che sorprendenti sciolgono i nodi.

Se ci pesassero le anime,
a me e a te,
la bilancia di psicostasia
penderebbe verso di me
se non altro per gravità d'amore.

Come le olle oranti degli antichi Dauni,
quante volte ho aperto mani
d'anima tese all'Universo
in eterni voti.

Come la parola insegue la verità
fino all'ultima sillaba,
così non smetterò mai di cercarti
presente assente
per carpire e capire essenza d'amore.
evidente anche ai più distratti.

Ogni volta che dico fine
vedo il vero nei tuoi occhi
e le frasi nere scricchiolano di falso:
come la luce al mattino
innegabile anche ai più distratti.

Vestiti d'argento gli elettroni pensiero
vanno senza posa tra noi,
tessono una storia di cellule,
la stessa vibrata trama,
allignata resistenza a ogni negazione.

A noi resta solo la pace
di Miele dell'accoglienza,
dimettere gli scogli
di ogni vacua resistenza,

prendere la strada di dentro,
l'oro della parola pronunciata,
il tuffo verticale nel destino.

29 settembre 2020

Euglena₄

Risveglio di parole
rampicanti di chiarore, nel tempo
nascente dentro la voce,
a sillabare forme di natura
e di coscienza.

Gorgogliano antichi accenti
nel giorno aperto
e lo chiamo ad essere,
compitando bianchi attributi,
fedele al mito del primo splendore.

Microscopica cacciatrice di luce,
sono come te, Euglena,
pupilla buona senza occhi,

fluttuante tra piante e animali,
senza patria di identità,
non sappiamo scegliere la vera natura.

Vieni dall'*uno*
tra le forme esitanti della natura,
prima dei bivi tra le dimensioni,

transfuga dello stato pieno e rotondo
che simuli nel tuo moto,
inquieta in un *due* di sopravvivenza.

Il tuo vero fine è nuotare verso la luce
e intercettarla per farti anima vegetale,
psicosintesi clorofilliana.

Non ho la tua abilità di sopravvivenza,
nel buio in cui ti adatti,
quando uccidi solo perché
non puoi vivere di sole,

Euglena, che porti traslucenza nel nome₅,
messaggera dei regni della natura
di remota mitezza, memoria
di grazia nel mito,
se rimani fiore di linfa.

So che siamo alghe di acque
in continuo ondeggiare,
per moto e per genere,

e mi gemino anch'io in lunghe scissioni
d'anima, stato fluido di vita oscillante.

Così, sprofondata nel tempo sparito
da cui vengo,
nutrita da cellule di parole per scavare
l'origine, ti scrivo dall'abisso,

Euglena, dea dei protozoi,
che pensi per pigmenti,
tue antenne di sapienza.

Non hai nemmeno bisogno di conoscere,
non ti appoggi mai sulle spalle delle cose
ma sento mia la tua urgenza di luce.

Se mi avvicino per ascoltare
le tue impronunciate
vocali segrete,
mi intuisco sorella.

Portiamo in dono la corda dell'origine
il groviglio di filo dell'Inizio
per raggiungere il bandolo primo,

dove il Senso ospitato
palpitava di carne, di foglie,
di anime nuotanti, di umani
nascosti in sigle, nei primi organismi.

La tua vita brulicante specchia lo sciame
di segni inseguiti in ogni mio giorno,
parole cadute dal cielo in larve di suoni:

lo stesso bisogno di prede
per nutrire il Senso condotto da fiume tempo.

Espansa la direzione dell'Opera,
incerte, non apparteniamo per intero
al viaggio delle specie,

ne varchiamo i confini per destino
e mi sorprendo in mutazioni
di moto e di stato.

Un giorno d'aprile, nei pascoli del silenzio,
mi aggiro verso la cognizione dell'Intento,
se esalasse come vento.

Della mia ostinata incomprensione,
forgerò un congegno di forza,
nato nel tuo sacrario biologico,

e tornerò slegata da ogni forma,
nel sublime della rinuncia,
sciolta nelle tue acque,

nel tuo mistero d'essere, Euglena.

Note

1. Pagina 55

   Dryopitechi, letteralmente "scimmie degli alberi" (più etimologicamente, querce), abitarono tra Europa e Africa nel Miocene, tra trenta e venti milioni di anni fa. Dopo le grandi glaciazioni si crearono habitat boschivi, dove la "mia" piccola scimmia (una statura intorno ai sessanta centimetri) si conquistava un posto nella storia, raggiungendo la stazione eretta e potenziando l'apparato di masticazione che rafforzerà la sua capacità alimentare, se non, addirittura, di emissione vocale, avviando comunque in modo decisivo il processo di ominizzazione. Risale forse a questo periodo la chiusura dell'Oceano Tetide e la nascita del Mediterraneo, come residuo di quelle acque abissali.

2. Pagina 66

   Lampreda, vertebrato dell'ordine dei *Petromyzontiformes* (letteralmente, che succhiano le pietre) comprende un gruppo di vertebrati acquatici privi di mandibole. Essi sono tra i più primitivi tra i vertebrati e potrebbero risalire anche a 500 milioni di anni fa.

   Presentano un corpo lungo e cilindrico, serpentiforme, simile ad un'anguilla, rivestito da una pelle viscida e senza squame, ricca di cellule mucipare. Le lamprede adulte hanno grandi occhi, e una grande narice simile a una cavità oculare nella zona intraoculare. Durante il loro viaggio nuziale, (ma pare che tutto il ciclo della loro esistenza si svolga in viaggio) le lamprede non si nutrono e, dopo la deposizione, muoiono.

   Alcune specie di *Petromizontiformi* vivono stabilmente in acqua dolce, altre dal mare si portano nei fiumi. La riproduzione avviene una sola volta nella vita. Oltre a queste caratteristiche la *lampreda* ha anche un'altra particolarità che ricollega questo animale allo sviluppo filogenetico della funzione dell'epifisi, che si ritrova anche nei mammiferi e nell'uomo, organo recettore residuo di una struttura fotosensibile delle forme viventi più arcaiche, come nei rettili, dove assume la funzione di "catturare" la luce. Nei pesci primitivi *Petromizonti* (come per esempio le lamprede), consiste nell'organo pineale, estroflessione della parte dorsale del diencefalo e può assumere le caratteristiche di un organo visivo, rivestito da una zona di cute trasparente non pigmentata. L'aspetto curioso di questa struttura è che, la percezione sensoriale di queste cellule - contrariamente a ciò che avviene al livello retinico - è rivolta verso l'interno. Nell'evoluzione delle specie, questa sorta di fotorecettore è andata via via specializzandosi in un organo di percezione interna. L'epifisi presiede alla produzione di melatonina, ormone da cui dipende la pigmentazione della pelle, utile per la protezione dai raggi ultravioletti durante l'esposizione al sole. A sua volta, l'epifisi regola anche la produzione di serotonina, da cui dipende l'intero equilibrio biopsichico e libidico; inoltre, l'epifisi conserva la sua funzione originaria di fotorecettore, residuo di una vista primitiva grazie a cui questo organo viene a coincidere con il cosiddetto "terzo occhio" della dottrina dei *Chakra*. Lo stesso Cartesio l'aveva individuata come sede dell'anima, punto di connessione tra *res cogitans* e *res extensa*, perché, in effetti, quella che lui chiamava la ghiandola pineale, mette in connessione tra loro l'apparato limbico e quello nervoso. Il "terzo occhio", in quanto apertura alla vista diurna interiorizzata, inibisce la libido.

Vi è poi una singolare connessione con il corpo umano dove nel "*lampre-dotto*", si realizza una funzione mediatrice dell'apparato digerente, in un percorso sinuoso nei meandri della visceralità umana, un tracciato interno di discesa verso un punto di convergenza intimo, una sorta di abisso fisiologico che può essere "visibile" solo dalla prospettiva di un terzo occhio volto, appunto, verso l'interno.

3. Pagina 77

Limulus polyphemus è un artropode chelicerato, unico rappresentante del genere *Limulus,* discendente di una specie forse vissuta nel Triassico, circa 200 milioni di anni fa, mantenutasi pressoché immutata. Il suo habitat sono i fondali marini. Possiede cinque paia di branchie a libro, una lunga coda rigida. E sei paia di appendici, di cui due che gli permettono aggrapparsi alle femmine durante l'accoppiamento. Possiede anche cinque paia di organi respiratori. Oltre che per l'assorbimento dell'ossigeno dall'acqua, i prolungamenti branchiali sono utilizzati anche per nuotare, e portano dei chemiosensori sensibili alle caratteristiche dell'acqua. È in grado di respirare anche sulla terraferma per un breve periodo di tempo, finché le branchie rimangono umide. Il limulo rappresenta un organismo modello per quanto riguarda gli studi sulla fisiologia della visione. Il suo apparato visivo è costituito da due occhi laterali composti situati in cima al carapace e cinque occhi semplici sensibili alla luce, di cui due mediani, uno endoparietale e due laterali rudimentali. Gli occhi composti rappresentano un'eccezione fra i chelicerati, poiché nessun'altra specie appartenente allo stesso *subphylum* ne possiede, e vengono utilizzati principalmente per la localizzazione della partner.

4. Pagina 89

L'Euglena (dal greco, "la buona pupilla"; la più nota è quella *viridis*, per il verde dei cloroplasti al suo interno) è un'alga primitiva e unicellulare, che contiene circa dieci cloroplasti (organuli tipico dei vegetali tra le cui lamine avviene la fotosintesi). È inoltre il più conosciuto rappresentante dei protisti autotrofi della famiglia *Euglenaceae*. Si tratta di un protozoo esponente di forme di vita primitive. Presenta due caratteristiche: in quanto alga unicellulare riesce a produrre da sé il proprio nutrimento grazie alla fotosintesi (autotrofa). In quanto protozoo, si comporta come eterotrofa: possiede una membrana cellulare dove, in alto, è presente una cavità apicale, che serve per inglobare le prede (attraverso la fagocitosi). All'interno sono presenti due flagelli, uno corto che non esce dalla cavità e uno lungo che invece esce. C'è uno stigma (macchia oculare con dei pigmenti che funge da fotorecettore), che è un organello sensibile alla luce, e serve per sapere dove c'è più luce, una specie di occhio. A questo punto l'Euglena nuota verso la luce per attuare al meglio la fotosintesi grazie ai soprannominati cloroplasti. Se non c'è luce, quindi, non è in grado di nutrirsi con la fotosintesi, e quindi diventa eterotrofa. *Euglena viridis* si muove grazie ai flagelli, ruotando, oscillando o strisciando. La sua riproduzione non avviene per via sessuale, bensì per via binaria e longitudinale.

5. Pagina 90

Nella componente *'glena'* della parola, si ritrova la radice "*gal*" che torna nella parola "galena"; indica la bonaccia e, propriamente, richiama il chiarore, la serenità della luce riflessa nell'acqua, quel liquido che costituisce proprio l'habitat naturale della *Euglena*. *Galena* era, secondo Esiodo, una delle Nereidi, figure della mitologia greca, ninfe marine, figlie di Nereo e della Oceanina Doride: parte del corteggio di Poseidone, erano raffigurate come delicate fanciulle.

www.ingramcontent.com/pod-product-compliance
Lightning Source LLC
LaVergne TN
LVHW091311080426
835510LV00007B/464